La lucha
de la vida

Jennifer Degenhardt

For J.P.
Thank you for allowing me to know you.

ÍNDICE

ACKNOWLEDGMENTS

A good storyteller is no one without a good editor. Thank you, José, not only for the skill to fix my non-native language, but for your support of my storytelling. And thank you, too, for sharing your own stories and your life, facets of which always make their way into the pages of these books.

I would know much less (okay, maybe nothing) about wrestling if it were not for A.J. Albano. Thank you for asking me to help you coach that wrestling team years ago. I couldn't tell this story without having learned so much from you.

Capítulo 1
J.P

Con mi mochila y mi maletín, camino una milla al colegio esta mañana. Es otoño y recién empezó el frío que normalmente no empieza hasta el fin de este mes. La caminata al colegio cuando hace buen tiempo no me molesta tanto especialmente cuando uso el monopatín. Pero cuando hace frío, esta milla es una pesadilla. No sólo tengo que levantarme bastante temprano porque me tardo veinte minutos para llegar, el viento es horrible. Para mí es otra injusticia de vivir en esta comunidad: la gente que tiene lana, o sea dinero, vive más lejos de las escuelas y el distrito tiene autobuses escolares para esos niños. No importa que la mayoría de esos estudiantes llegan a las escuelas en sus propios carros o con los padres.

El viento me golpea otra vez cuando doblo a Edmonton Street. Sólo diez minutos más.

La mochila y el maletín pesan. Hasta que llegué a este colegio, no sabía tanto de cómo era esta tarea. Cada noche tengo que hacer dos a tres horas de tarea. En la escuela donde asistía antes, los profesores tenían suerte si los estudiantes llegaban a clase, entonces no nos daban tarea. Ese colegio se llamaba Buenaventura High School, pero no fue tan bueno, ni una aventura. En aquella época vivía con mi madre, mi tía Alma y mis

rear rest of *crayon by the*

primos, Carlos, Juan y Amelia. Vivimos allí por unos diez años desde que mis padres se separaron.

Justo al llegar a la entrada recibo un mensaje Snapchat en mi móvil. Es una foto loca de mi amigo, Will, quien es el capitán del equipo de la lucha libre. El mensaje dice,

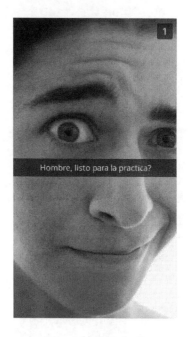

La foto es un *selfie* de Will con una cara chistosa. Lo usual. Pero de todos modos me hace reír. Me cuesta responder al mensaje porque tengo que sacar los guantes y el frío me congela, pero le escribo,

—Claaaaaaaro

En dos semanas empieza la temporada de deportes del invierno. Éste será mi primer año en el equipo de lucha libre en este estado. No como en Iowa, New Jersey ni en Pennsylvania donde es un deporte fenomenal y muy importante, la lucha libre aquí no tiene tanta importancia. Sí, hay colegios con participantes excelentes, como en Jacksbury, pero no es un deporte popular como el fútbol americano o el lacrós. Me parece que la lucha libre no tiene la importancia en este estado que tienen otros deportes. Es una pena porque para mí, como mexicano, la lucha libre es lo máximo.

Will me espera en el lobby del colegio y bajamos al vestuario cerca del gimnasio para guardar la ropa deportiva, o sea, el uniforme. Will, con tanto ánimo como siempre, me dice, —Esta temporada va a ser excelente, ¿no crees? Vamos a tener muchas competencias diferentes a causa del cambio en las conferencias estatales.

Will continúa hablando cuando nos encontramos con el Señor Waller, mi profesor de inglés.

—Hola, Sr. Waller —le digo —¿Cómo pasó el fin de semana?
—Hola, Juan Patricio. Estuvo bien, gracias. Necesitamos hablar sobre tu nota en mi clase. ¿Cuándo ~~tienes~~ libre hoy?
        Estas

Ay yay yay. La nota en la clase de inglés. Esta clase es horrible para mí.

Sr. Waller y yo hacemos un plan para reunirnos período 7. Sé que mi nota es un problema, pero el trabajo que tenemos es muy difícil para mí. Decido pensar en otra cosa por el momento.

Sin parar, Will continúa hablando, —Jacksbury tiene buen equipo este año con esos muchachos de peso 106, 113, 138, 152, 195 y 220, pero en las otras categorías pienso que podemos dominar. ¿Qué piensas?

—Sí —le digo.

—Ay, no prestabas atención, hombre.

Tiene razón. En ese momento pensaba en la conversación con Sr. Waller. Si no mejoro las notas en inglés y en la clase de matemáticas, no importa cuál equipo es mejor porque no voy a poder participar.

*****

A la una y media de la tarde entro en el aula de Sr. Waller.

—Hola Juan Patricio —me saluda. Todo el mundo me llama J.P. pero este profesor insiste en llamarme por mi nombre completo. Horrible.

—Buenas tardes, Sr. Waller —le respondo.

—Juan Patricio, al momento tienes una nota de "F" en mi clase. O sea, aplazas la clase de inglés.

—Sí señor. Sé que mi nota está mal. Pero trato de completar el trabajo lo mejor que puedo. Es difícil para mí porque no leo muy bien.

—Entiendo perfectamente. Por eso quiero ayudarte. Ven a verme después del colegio todos los días esta semana y vamos a trabajar juntos.

—Pero, Sr. Waller, tengo la práctica de lucha libre todos los días —empiezo a quejarme.

—Juan Patricio, aunque no sé mucho de los deportes del colegio, sé que la temporada empieza en unas dos semanas. Y, como lo veo, si tú no aprovechas de mi ayuda y aplazas la clase, no vas a poder participar. ¿No es cierto?

Aunque no quiero pensarlo, el profesor tiene razón. —Sí señor. Nos vemos a las dos y media.

Sr. Waller se sonríe y me dice, —Está bien. Voy a llamar a tu padre para que sepa.

—Por favor, señor, no lo llame. Va a estar muy enojado conmigo.

—Nos vemos por la tarde, Juan Patricio.

Capítulo 2
Juan

—¡J.P.! —grito al entrar en la casa. —¡J.P.!

—Ya voy —me responde.

En ese instante oigo el <<duf, duf, duf, DUF>> de las pisadas de mi hijo mientras baja las escaleras. ~~Ha estado~~ viviendo conmigo recientemente, unos cuatro meses, desde que pude sacarlo del sistema de hogares sustitutitos en Arizona. La madre de J.P. y él no se llevaban muy bien cuando estaba creciendo y cómo la tía no podía cuidarlo, tuve que ir a Arizona para rescatarlo. Aunque es un poco difícil para todos nosotros, J.P., mi esposa y mis niñas, ~~estoy~~ muy feliz que esté conmigo otra vez. Esta situación es sólo un ejemplo de las dificultades que tenemos, pero lo más importante es que todos se han adaptado muy bien.

—J.P. —le digo —Recibí una llamada telefónica hoy de un Sr. Walken o Walter...

—Sr. Waller —me corrige.

—Sí, hijo. Sr. Waller. Me dice que tienes una F en su clase. Pero, también me dice que quiere ayudarte pasar la clase.

—Si papi. Voy a tener que quedarme todos los días después del colegio para que me ayude. Pero voy a perder la práctica de lucha libre.

—Hijo, sé que esta práctica es importante, pero tú también sabes que no habrá ningún equipo para ti si no tienes buenas notas. Además, es por la educación que nos mudamos a este pueblo y por qué te saqué de la situación en Arizona. Aunque tu madre y yo ya no estamos juntos, en aquel entonces cuando tenías apenas un año, decidimos dejar la vida en México y venir a este país para ofrecerte una vida mejor de la que teníamos.

Ansiosamente, mi hijo me dice, —Sí papá me has contado la historia antes.
—No hijo. Sólo sabes un poco. Siéntate y te lo digo todo.

Así hago sentar a mi único hijo para contarle la verdadera.

—Cuando era niño vivía en una colonia del D. F., el Distrito Federal, la capital de México. Como sabes, mis padres no ganaban mucho dinero. Mi padre trabajaba como mecánico y mi madre se quedaba en casa cuidando a mis hermanos y yo. Éramos ocho en total, tres hermanos mayores y cuatro menores. Mi hermano mayor se llamaba Tito y cuando tenía 18 años, empezó a participar en la lucha libre local.

J.P. me interrumpió, —¿La lucha libre? ¿Como el deporte que practico yo? No sabía que era popular en México también.
—No m'hijo. Aunque tiene el mismo nombre que el deporte aquí en los Estados Unidos, es un

deporte más como la lucha de WWE, o Winning Wrestling Everywhere aquí en los Estados Unidos.

—¿Igual como veo en la televisión? ¿Que tiene su oficina central en Strasberg?

—Exacto —le explico. —Es más como entretenimiento que deporte, pero hay elementos atléticos también. Y, como los luchadores de WWE, Winning Wrestling Everywhere, los luchadores mexicanos adoptan personajes y a la vez llevan máscaras para esconder sus identidades. Déjame buscar unas fotos que tengo aquí en el cajón del armario.

Voy a traer las fotos cuando oigo mi celular sonando.

—¿Sí? —digo cuando lo contesto.

La persona quien me habla por teléfono es el jefe de segundo turno de empleados de mi compañía de limpieza de la cual soy el dueño. Me dice que hay un problema con uno de los camiones que se necesitan para trabajar.

—J.P., vamos a continuar hablando después. Santiago me llamó con un problema y necesito manejar a Jacksbury para resolver eso.

—Está bien, papi. Hablemos después.

Capítulo 3
J.P.

Después de dos semanas de ayuda con el Sr. Waller, mejoro la nota en la clase bastante para poder empezar la práctica oficial con el equipo esta tarde. Todavía no puedo creer que mi tío Tito era luchador profesional en México. ¡Qué vida! Claro, el deporte es completamente diferente de lo que practicamos en el colegio, pero no me importa. ¡Me fascina!

En ese momento recibo un texto de Will:

—No olvides de pasar por la oficina de la enfermera para tomar esa prueba de hidratación. Nos vemos en la práctica.

—Ok. ¿No te veo en la clase de inglés?

—No. Mi mamá me recoge porque voy a sacar mi licencia de manejar a las 10.

—¡Vaya! Buena suerte.

Will cumplió 16 años hace una semana. Y como para todos los adolescentes de este pueblo, es la tradición sacar la licencia inmediatamente. La mayoría de los muchachos tienen sus propios carros aquí. Will no es uno de ellos, ni yo, pero queremos las licencias de todos modos. Me imagino que la madre de Will quiere que tenga la licencia para que él pueda manejar a las competencias de lucha libre que empiezan muy temprano por la mañana los sábados.

Como en el caso de Will, no voy a tener un carro, pero la licencia significa que llego a ser, en parte, adulto – por lo menos en mi opinión. Si el estado piensa que soy bastante responsable para manejar, tal vez mi padre pueda pensar igual.

No voy a cumplir 16 hasta el principio de marzo, justo cuando estaremos preparando para el campeonato del estado. Aunque es mi primer año en este colegio, una de mis metas es participar en la última competencia al nivel estatal. Pues, hay mucho trabajo que hacer antes de marzo, como estudiar para la licencia y prepararme para el campeonato.

*****

La primera práctica de la temporada es a la vez emocionante y torturadora. No importa cuánto pensamos que estamos en buena forma. Me duele todo el cuerpo. Los entrenadores Vera y Griffen nos mandan hacer muchos abdominales, ejercicios repetidos y al final, correr dos millas. Casi no puedo moverme ahora.

*****

Afortunadamente es una tarde sin viento y con mucho sol. En camino a la casa pienso en otra parte de la historia que me contó mi padre la otra noche. Me dijo que su hermano era luchador profesional, pero admitió que él también era luchador. ¡Qué gran sorpresa!

Evidentemente mi papá y su hermano Sandro, cuando eran jóvenes, solían acompañar a su hermano mayor, Tito, a las competencias locales. Los dos chicos llevaban el maletín de su hermano, el luchador.   Su hermano participaba en las competencias locales en esa época bajo el nombre de <<El Chamaco de Oro>>.   La máscara suya, como todas las máscaras de la lucha libre mexicana, cubría toda la cabeza, menos los huecos que había para los ojos.   Aún cubría la boca.   La tela era un tipo de nilón con hilos brillantes dorados.   La máscara también tenía delineaciones en negro alrededor de los ojos para dar la impresión de ser más violento.   Llegó a ser campeón del distrito central al nivel *pluma*[1] hasta que murió en un accidente automovilístico cuando tenía 22 años.

Entonces, cuando mi papá tenía como 15 años, dejó de asistir al colegio para entrar en el mundo de los luchadores.   Entró como *mosca*[2] y compitió por unos dos años al mismo nivel que su hermano.

*****

De repente oigo el sonido de una bocina. —¡Lárgate de la calle, muchacho! —el hombre me grita de la ventana de su BMW.   Estoy tan distraído con el cuento de mi papá que camino por el cruce

---

[1] *Pluma* (feather) is one of the names for a weight class in Mexican wrestling, for participants of 139 lbs.
[2] *Mosca* (fly) is another weight class in Mexican wrestling, 115 lbs.

principal de las calles Newtown y Main sin mirar los semáforos y casi me atropella un carro.

Capítulo 4
Juan

Son las seis y media de la tarde. La puerta principal hace un ruido espantoso, y significa que J.P. ha llegado a la casa.

—¡Papi! ¡Norma! —grita J.P. cuando entra en la casa. —¿Qué hay para la cena? Me estoy muriendo de hambre.

J.P. es adolescente típico: piensa en muy pocas cosas, dos de las cuales son la comida y los deportes.

—Hola J.P. ¿Por qué gritas? ¿Por qué no puedes entrar en la casa saludando bien a la familia?
—Tienes razón, Papi. Lo siento. Pero la verdad es que tengo mucha hambre. La práctica hoy fue muy difícil.

Mi esposa, Norma, entra en la cocina y le dice a J.P. —Anda a ducharte, hijo. Vamos a comer en 15 minutos.

Hace siete años que me casé con Norma. Es hispana también, originalmente de Venezuela. Nos conocimos cuando trabajábamos a la casa de Leslie McKay, la presidenta de WWE.

Comemos *arepas*[3] con queso blanco y frijoles y una ensalada. Norma dice que la ensalada es su <<americanización>> que típicamente los venezolanos no la comen con arepas, pero <<es necesario comer los vegetales>> me dice.

Alana e Isabel, mis hijas, se sientan a comer; tienen 5 y 6 años. Cuando se callan un poco, le pregunto a J.P. cómo fue la práctica. Me contesta pero cambia la conversación para continuar de lo que hablamos el otro día.

—Papi, me fascina que eras luchador. ¿Por qué no sabía de esa parte de la historia antes?

—Pues, siempre les explico a ti a tus hermanas que la educación es muy importante y que no hay trabajo más esencial que estudiar. Pero la verdad es que dejé de asistir al colegio cuando tenía quince años.

—¿Qué? ¿Qué? —dicen Isabel y J.P. a la vez.

—Isa y Alana, ya terminaron de comer ustedes, entonces, vayan a jugar en su cuarto —dice Norma.

—Permíteme explicar un poco. Es un cuento bastante largo.

Norma empieza a limpiar la mesa y después, a lavar los trastes. Justo al momento que quiero contarle la historia entera, J.P. me interrumpe,

---

[3] *Arepa* is a Venezuelan food made with a dough made from ground maize (corn).

como siempre, –¿No te graduaste del colegio? –me pregunta.

–No, hijo. Después de tantos años observando a tu tío Tito en el gimnasio, empecé a practicar en la casa. Por las noches, escondido detrás de la casita, hice ejercicios y practiqué los movimientos que había mirado durante las competiciones. Un sábado fui a una competencia local con Tito y Sandro para verlos luchar. En aquel entonces, los dos tíos participaban. De todos modos, el entrenador principal indicó que el hombre de la clase *mosca* no venía entonces ofrecí participar en su lugar. El resto, es historia.

–Pero, si participabas sólo los sábados, ¿por qué no te graduaste del colegio?

Me sorprende que J.P. me pregunte de lo académico. –En ese tiempo –le digo– y además en México, no había leyes que existían para mandar a los jóvenes que completen la educación como hay en los Estados Unidos.

–¿Y a tus padres no les importaba? –me pregunta J.P. sin poder creerlo.

–Hay que entender, J.P., que mis padres trabajaban tanto sólo para dar de comer a la familia y pagar las cuentas que había. No tenían tiempo para ayudarnos con asuntos de la escuela.

J.P. no se mueve de la mesa donde nos sentamos y escucha atentamente – casi un milagro para él porque siempre se mueve y siempre habla.

–Y después, ¿qué pasó? –me pregunta.

Continúo con la historia. Le explico a mi hijo que un día invitaron a todos los luchadores locales a participar a una competencia regional. Viajamos unos 300 kilómetros en un bus viejo para llegar a un pueblo que se llamaba San Dieguito.

–Allí participamos, o sea, luchamos bien y llegué a ser campeón regional. Entonces, los directores del programa me invitaron a practicar con sus luchadores.

J.P. se queda sin decir nada.

Capítulo 5
J.P.

Es miércoles, el día de la primera competencia de la lucha libre del colegio. Es sólo una competencia entre dos equipos, nuestro colegio y lo del Westmoreland. Will me dice que el equipo de Westmoreland típicamente no es muy bueno. Ese colegio no tiene muchos participantes porque los deportes más populares allí son el fútbol americano y el lacrós. Y como en nuestro colegio, los estudiantes los practican todo el año. Se dice que aumenta la posibilidad de sacar una beca para la universidad si uno se especializa en un deporte. Pero me pregunto, si la mayoría de ellos tienen el dinero para pagar la universitaria, ¿por qué necesitan beca?

Antes de entrar en la clase de historia, mando un texto a Will.

–¿Preparado para la competencia hoy?
–Claaaaaro. Vamos a ganar.

*****

La competencia no empieza hasta las cuatro de la tarde, pero como no tengo carro ni adónde ir, me quedo en el colegio. Sé que debería de completar un poco de mi tarea, pero no tengo ganas. Entonces bajo al gimnasio para buscar al entrenador Griffen. Está en el gimnasio con un grupo de profesores enseñándoles unos ejercicios.

—Hola, J.P. —me dice. Los profesores sudan mucho. Sudan demasiado me parece.

—Hola, Griff.

—¿Estás listo para hoy?

—Sí. ¿Contra quién tengo que luchar?

—No sé exactamente, pero las dos posibilidades son un chico del primer año o uno del tercer año, si no está herido. No importa. Vas a ganar.

—Está bien. Gracias, Griff.

En ese momento veo a Will cuando entra en el gimnasio.

—¿Fuiste a tu casa? —le pregunto.

—Sí. Tengo el carro ahora. Es emocionante manejar solo.

—Me imagino.

Will me pregunta, —¿Cuándo cumples 16?

—En marzo. Hablé con mi padre la otra noche sobre el examen de manejar.

—Bien. ¿Tu padre viene hoy a la competencia?

—Sí. Me dice que va a venir a todas. ¿Sabes que era luchador en México cuando era joven?

—¿Qué? ¿Para su colegio?

—No.

Explico a Will como la lucha libre en México es como la WWE aquí en los Estados Unidos. Por media hora antes de la competencia hablo con Will sobre mi papá y su carrera como luchador.

Según mi padre (y Wikipedia) hay dos tipos de luchadores en México: los *técnicos*[4] que son los personajes <<buenos>> y los *rudos*[5], o sea, los <<malos>>. Cuando mi padre dejó de asistir al colegio empezó a luchar como peso *mosca* y luego peso *gallo* (126 libras). Pero después de dos años, cuando tenía 17 años, luchaba en la clase de *pluma* hasta que ganó un campeonato nacional. Luchaba valientemente contra los *rudos* y ganaba la mayoría de las competencias al nivel nacional como peso *pluma*.

*****

Mis amigos y yo arreglamos la colchoneta para la competencia y antes de empezar a hacer ejercicios de calentamiento y estirar, vamos al vestuario para pesarnos. Cada participante tiene que pesar bajo el peso de la clase en que quiere luchar ese día. Peso 111.2 libras. Perfecto.

El entrenador Vera llega después de su trabajo y nos habla:

---

[4] *Técnicos* is the name given to the "good" characters in Mexican wrestling.
[5] *Rudos* is the name given to the "bad" or "evil" characters in Mexican wrestling.

—Hombres, ¿están listos para hoy? Es la primera oportunidad que ustedes tienen para mostrar lo que han estado practicando por las últimas semanas. Sólo ustedes saben el esfuerzo que hicieron durante las prácticas y es hora de demostrarlo. Alex, te toca a ti luchar primero y luego le toca a J.P.

Alex es luchador de 106 libras, por eso lucha primero. Me da un poco más de tiempo para prepararme. Will y Andrew, los dos capitanes de nuestro equipo, pisan la colchoneta para saludar al árbitro y a los capitanes de Westmoreland. Dentro de poco la competencia comienza y así comienza mi carrera como luchador en este colegio.

Me pongo los audífonos y voy a un rincón del gimnasio para pensar. Voy a tener que luchar contra el muchacho del tercer año. Claro que tiene experiencia, pero tal vez esté herido todavía. Miro la colchoneta. Alex lucha bien y gana la competencia. Ha participado en la lucha libre desde que tenía 6 años. Miro la puerta. Hasta ahora no veo a mi padre. ¿Dónde estará?

—La clase de 112 libras —llama el árbitro.

Justo en el momento me saco los audiófonos y me acerco a la mesa de registración para darle mi nombre, veo a mi papá. Me sonríe.

El otro muchacho y yo empezamos en la posición neutral. Agarro los brazos del muchacho de Westmoreland y en otro movimiento, agarro a las piernas y le boto a la colchoneta por dos puntos. Aunque respiro mucho a causa de la adrenalina, me calmo un poco para recordar todo lo que he practicado. La lucha continúa y al final del primer período gano 5-3. El segundo período es similar. Los dos de nosotros somos fuertes pero en los últimos segundos lo manejo para sacarme de la posición de abajo y lograr el control para ganar dos puntos en un reverso. Estoy ganando por cuatro puntos al final del segundo período, pero quiero el *pin* para ganar los seis puntos para mi equipo. Al comienzo del 3er período hago un movimiento para ponerle en la espalda. Me quedo allí por el tiempo necesario para el *pin*. Después de cinco minutos y 17 segundos, gano mi primera competencia. Qué buen día y buen comienzo de la temporada.

Capítulo 6
Juan

Llego a la casa con todo el equipo, ropa sucia y zapatos de lucha libre de J.P. Después de la competencia J.P. quería salir a Chipotle con sus amigos. Normalmente me gustaría que esté en casa durante la semana, pero por haber luchado tan bien hoy y por haber subido las notas y darle la oportunidad de participar, yo le di permiso esta vez.

–Hola Norma. Hola hijas.

Mis hijas empiezan a preguntarme donde estaba. Cuando les explico que estuve en el colegio para la competencia de J.P. me molestan con preguntas y comentarios:

–¿Por qué no podemos ir?
–Sí papi. Quiero ir al colegio para ver a J.P.
–Otro día –les digo. –Norma, después de la cena voy a tener que salir para trabajar. Santiago está enfermo y no tengo quién puede hacer su trabajo. A la vez, él tiene que estudiar para el examen de naturalización[6].
–Está bien, amor. Qué emocionante que Santiago esté para tomar el examen por fin. Eres

---

[6] Naturalization is the process by which a person who was born in another country becomes a citizen of a new country.

buena persona por ser su patrocinador para que saque su residencia aquí en los Estados Unidos.

–Gracias, Norma. Pero tú sabes que sin la misma ayuda y apoyo que recibí hace ocho años, no estaría en la posición en que estoy hoy, con la compañía y todo.

–Es verdad. Pero eres buena persona de todos modos –Norma se sonríe. Luego me pregunta, –Cuando hablaste con los oficiales de la oficina de inmigración, ¿les preguntaste sobre el asunto de J.P.?

–Sí. Me dijeron que tengo que hablar con el abogado y además completar unos formularios. Mañana voy a llamar al abogado.

Norma responde, –Está bien. Dime cómo puedo ayudar. Sé que es muy importante para ti, pero para J.P. también, especialmente porque quiere sacar su licencia. ¡Ja ja!

–Ay Norma. Yo sé. Yo sé.

Claro que J.P. no es hijo de Norma, sino de mi ex-esposa, pero ella lo trata como si él fuera suyo. Norma es una mujer bien fuerte de carácter, pero tiene un corazón enorme. Como su familia vivía en el Bronx con muchos hijos y sin mucho dinero, se volvió independiente a una edad joven. Cuidaba a los demás de la familia hasta que dejó de vivir allí cuando se mudó a Connecticut. La conocí en la casa donde trabajábamos los dos, ella como mujer de limpieza y yo como mozo, o empleado de mantenimiento. Me separé de la madre de J.P.

cuando ella se escapó a Arizona con J.P. para vivir con su hermana en aquel entonces. Norma me ayudaba y era gran amiga. Después de un año, nos casamos.

—Ok, Norma. Me voy. Chao hijas. Duerman bien.

—Está bien, Juan. Cuídate. Hablamos luego y nos vemos mañana.

Salgo de la casa y entro en la camioneta. La prendo y dentro de poco estoy en camino a Jacksbury para encontrarme con el resto de mis empleados de la compañía. El trabajo que hacemos es limpiar todos los supermercados Stuart's. Hace cinco años que empecé este negocio. Hay dos puestos diferentes de la compañía, el del sur y el otro del norte. Los que trabajan en el sur, limpian el supermercado en Newell y los otros, adónde voy ahora, limpian el del Jacksbury. Sin excepción, todos mis empleados son hispanos. Como una persona buena me dio la oportunidad de empezar una vida nueva aquí en los Estados Unidos, quiero ofrecer lo mismo a otros.

Santiago ha estado con la compañía desde el principio. Lo conocí cuando nosotros trabajábamos todos los días durante el tercer turno en WWE, desde las once de la noche hasta las siete de la mañana. Además de arreglar la instalación de WWE en Strasberg, un edicificio de 40.000 pies

cuadrados, limpiábamos las oficinas d[e]
abogados que se ubicaban en Strasberg t[a]
Santiago es nicaragüense, o sea, es de Nicaragua.
Dejó su país hace quince años cuando no podía
ganar suficiente dinero para mantener a su familia.
Viajó por Honduras y Guatemala y luego por
México. Me dijo que fue un viaje arduo, pero no se
arrepiente nada porque ha podido mandar mucho
dinero a su familia en Nicaragua. Durante el
tiempo que ha estado en los Estados Unidos
también ha llegado su esposa y dos o tres de los
cinco hijos.

Con mi ayuda y la de un abogado excelente que
me ayudó hace tiempo, Santiago va a lograr una
meta personal: ser residente estadounidense
oficial y legal con documentos. Va a tener que
tomar el examen para ser naturalizado. Cuando lo
tomé hace años recuerdo que había unas
preguntas bien difíciles como, ¿Quién fue uno de
los escritores de los Papeles Federalistas? y ¿Quién
fue el presidente de los Estados Unidos durante la
Gran Depresión y la Segunda Guerra Mundial?
Cuando estudiaba para el examen, pedí ayuda a un
amigo gringo, un amigo que se educó en los
Estados Unidos. ¡Ni él sabía las respuestas a las
preguntas! Me imagino que la mayoría de los
ciudadanos estadounidenses no podían aprobar
ese examen. Pero, como yo quería sacar los
documentos, estudié la información como lo hace
Santiago ahora.

En ese momento llego a Stuart's en Jacksbury y veo a los otros trabajadores que me esperan para empezar a trabajar. Se sonríen mientras platican. Aunque parecen felices, veo en las caras el cansancio que es ser inmigrante a este país.

Capítulo 7
J.P.

—¡Papi! ¿Sabes dónde está mi protector de cabeza para la lucha libre? Lo dejé en mi maletín pero no está.

—Búscalo en tu cuarto. No lo he visto.

—¿J.P.? —pregunta Isabela. —¿Es anaranjado?

—Sí, Bela. ¿Lo tienes?

—No. Pero lo he visto debajo de mi cama.

—Gracias.

Corro al cuarto de mis hermanas y como dijo Isabela, el protector de cabeza está debajo de su cama. Me enfada un poco, pero no tengo tiempo para regañarla porque estoy apurado. Son las 7:25 y me tardo veinte mintos para caminar al colegio.

—Chao Papi. Chao Norma. Chao chicas. Tengo práctica hoy hasta las cinco y media. Will me lleva a la casa después.

—Está bien, J.P.—dice mi papá. —Qué pases buen día.

Me pongo una gorra con la mascota, o sea el logo, de nuestro colegio. Es un husky igual al logo que representa la universidad del estado. Es el principio de febrero y el frío ya llegó y parece que se va quedar hasta mayo. Odio caminar las diez cuadras para llegar al colegio. Me gustaría que mi padre o Norma me llevara como los otros padres del pueblo, pero mi padre tiene que trabajar y Norma también, además tiene que cuidar a las niñas. Tengo el sueño de comprarme un carro. Voy a buscar trabajo este verano. Con un carro no voy a tener que caminar más. Tendré más libertad.

Pues, aunque me disgusta andar al colegio, me da tiempo para pensar. Como siempre, pienso en la lucha libre. Tengo un récord de 32-4. Los entrenadores Vera y Griffen me felicitan mucho por mi esfuerzo, y por las destrezas que aprendí cuando participaba en karate en Arizona. Mi récord me sorprende un poco, pero estoy feliz.

En dos semanas tendré una gran prueba, el torneo regional. Ese torneo dura dos días. Vamos a luchar el viernes por la tarde y todo el día el sábado. Si un atleta no gana en la competencia el viernes, se elimina y se acaba su participación, en el torneo. Los dos competitores que me preocupan más son el muchacho de Westmoreland que ahora está sano y el muchacho de Jacksbury. Todos los luchadores de Jacksbury son excelentes. ¡Parece que nacen luchando!

De repente recibo un *tweet* sobre la lucha libre regional:

Ian Rocken

@JotaP vas a caerte. Vamos a ganar al torneo.

¡Hombre! El *tweet* es de Ian Rocken, un luchador de Jacksbury. Tiene el *hashtag* #torneoregional. Recibo *tweets* todo el tiempo sobre la lucha libre pero es la primera vez que es personal. Me enfado. Aunque hace mucho frío y tengo que sacar los guantes para teclar, inmediatamente escribo un texto a Will:

—Te mando un *tweet* que recibí.

Se lo mando y espero su respuesta.

En un rato me responde, —Qué malo. Hablemos en el colegio. No te preocupes.

*****

En la práctica por la tarde estoy tan enojado que casi no puedo concentrarme. ¿Cómo puede atacarme así por Twitter? Aunque no es la mejor manera para resolver el problema, durante la práctica lucho fuerte y tomo una venganza contra mi pareja, Ben. Después de muchos movimientos fuertes e injustificados Ben me grita, —J.P.¿cuál es tu problema esta tarde?

Con tanta energía negativa que hay en mi cuerpo, empiezo a gritarle a Ben.

—¿Por qué no luchas bien hoy? ¡Eres débil y un imbécil también!

En ese momento todo el equipo, junto a los entrenadores, paran lo que hacen y nos miran.

El entrenador Griffen me pregunta, –¿Qué pasa, J.P.? Esta conducta no es normal en ti. Ven conmigo al pasillo para hablar.

Sigo a Griffen y hablamos. Le explico del *tweet* que recibí esa mañana. Griffen me explica que en vez de enojarme tanto sobre la situación, usando energía que debo conservar para el torneo, necesito tomar el camino de éxito, o sea, no responder negativamente. El entrenador Griffen sugiere que yo mande un Tweet con una respuesta de confianza, pero sin arrogancia. Hablamos por unos veinte minutos y al final me siento más calmado. Con una palmada en mi cabeza me dice, –Está bien. Basta de ser psicólogo y paciente hoy. Anda a practicar.

Entro en el ring de lucha libre y tomo mi lugar en la colchoneta con Ben. Antes de empezar otra vez, le pido perdón.

–Ben, lo siento por mi mal comportamiento. Estoy frustrado por una situación.

Ben me dice, –No hay problema, J.P. Luchemos ahora.

Mi temperamento ha sido un asunto para mí por mucho tiempo y es la razón por qué estoy aquí viviendo con mi padre otra vez. Mi mamá y yo no nos llevamos muy bien desde que tenía diez a once años. Ella decía que no podía controlarme y se mudó a California, dejándome con mi tía. Y cuando mi tía no podía cuidarme más, me puso en <<el sistema>>, como se refieren. En la colocación familiar tuve aún más problemas. Peleaba mucho en la escuela y me huí muchas veces de las casas donde me quedaba. Un día mi padre llegó a Arizona para llevarme a vivir con él. No ha sido Disneylandia todo el tiempo, pero ayuda de una consejera, estoy aprendiendo a controlarme mejor.

Después de la práctica voy con Will a su carro. Abro el app de Twitter y escribo una respuesta a ese tipo Rocken:

 J.P. Díaz

@Rocken #luchajacksbury. Tengo muchas ganas de verlos en el torneo. Buena suerte a todos. #torneoregional.

Capítulo 8
Juan

Mientras Norma cocina la cena para la familia me siento a la mesa con Isabela tratando de ayudarle con la tarea de primer grado, las matemáticas simples.

—Papi, no sé la respuesta a este problema —me dice Isabela.

La hoja tiene más o menos diez problemas que los estudiantes tienen que resolver, pero para crear la ilusión de que la tarea es divertida, cada problema matemático se presenta en un globo que los estudiantes pueden colorear después de completar la tarea.

—Isa, tú ya sabes la respuesta. Es igual a la respuesta a número 6.
—Ah ¡vaya! Gracias Papi —me dice.

Aunque las matemáticas que hace Isabela no son muy difíciles, me gusta poder ayudarla con sus estudios. Cuando asistía a la escuela hace muchos años siempre aprobaba los exámenes en la clase de matemáticas. Creo que esta manera de pensar me ha ayudado un poco con mi negocio. En ese momento oigo que golpea la puerta. Debe ser J.P. llegando de la práctica. No sé por qué, pero cada vez que entra en la casa tiene que golpear la puerta tan fuerte.

—Hola familia —dice J.P. —Llego a casa.

—J.P., ven acá —le digo.

—Sí papá. Ya voy —me responde.

—Hola hijo. Gusto de verte, pero ¿cuántas veces tengo que decirte que no tienes que cerrar de un golpe la puerta?

—Lo siento, Papi. Pero estoy tan emocionado. Tengo noticias.

Yo miro a mi hijo. Normalmente cuando me dice que tiene noticias, ha pasado algo malo en el colegio. Pero esta vez, dice que está <<emocionado>>. Hmmmm. —¿Qué es? —le pregunto.

—Papi, tienes que adivinar —me dice J.P.
Pienso en las clases, la lucha libre, los amigos, pero no puedo adivinar. —¿Sacaste buena nota en el examen de historia? —le pregunto.

—Sí. Pero éstas no son las noticias —me dice sonriendo.
Intento otra vez, —¿Tus entrenadores piensan que vas a ganar mañana al torneo?

—Claro, Papi. Pero éstas no son noticias, sino unas opiniones —me regaña un poco. —J.P. —pregunta Norma riéndose—¿Tienes una cita con una chica bonita?

—¡Norma! ¡No! No tengo tiempo para vida social ahora, tengo que prepararme para el torneo.

—Ok. —le digo a mi hijo. —Dime entonces. No tengo idea de lo que quieres compartir con nosotros.

—Hoy día durante un período libre hablé con una de las madres voluntarias en la escuela que trabaja en el centro de empleo para los adolescentes. Yo le mencioné que buscaba trabajo para la primavera después de que termine la temporada de la lucha libre. Resulta que ella tiene una tienda nueva en el pueblo que va a abrir al principio de abril y necesita un adolescente para ayudarle. Le hablé por unos veinte minutos.

Estoy bien sorprendido con J.P. — no sólo porque buscaba trabajo, sino porque habló por tanto tiempo con un adulto. Su atención es una característica personal que tratamos de desarrollar poco a poco. Han pasado muchos años sin recibir buena dirección de cómo usar la energía que tiene.

—¿Qué onda? ¿Hablaste por *cuánto* tiempo con esa mujer?

—Ay, Papi. No seas tan incrédulo. Le hablé sobre el empleo en general, pero luego empezamos a hablar sobre Arizona. Tiene una casa allí en Las Cruces y le conté que viví allí con mi madre por unos años.

Interesante. Normalmente mi hijo no habla sobre su vida en Arizona, ni conmigo, ni con otras personas.

—Qué bien, J.P.

—Pero, Papi, no te he contado todavía las noticias. Ella me ofreció el trabajo en ese momento. Voy a empezar a trabajar el día que la tienda abra. Sólo necesito traerle una copia de mi tarjeta de seguro social y otra copia del certificado de nacimiento, para el formulario I-9 o algo así.

A la vez que estoy muy orgulloso de mi hijo de ser tan responsable y proactivo, también la situación me da un poco de pánico por eso de los documentos oficiales. Pero en este momento no le digo nada a J.P.

—Hijo, te felicito. Estoy tan orgulloso que hayas conseguido un trabajo y que lo hiciste tu solo.

—Familia. ¡A comer! —grita Norma de la cocina.

Isabela suelta el lápiz y corre a su silla. Alana, que mira la televisión no se mueve para nada. Ve su show favorito, Dora la Exploradora. J.P. entra en la sala para recoger a su hermanita.

—Rana pequeña, ven. Vamos a comer —dice J.P.

Alana grita —J.P. yo no SOY rana. ¡Y soy grande!

Comer la cena juntos es la mejor parte del día. Amo a mi familia con todo mi corazón. Me siento completo de ver a mi esposa, a mis hijas y a mi hijo otra vez conmigo.

—También tengo anuncio —les menciono a mi familia. —Hablé hoy con mi ex-jefa de años, Leslie McKay. Como es tan generosa, ella me regaló entradas para asistir al circo que estará aquí el mes que viene.

Las chicas empiezan a gritar. Y Norma también está muy feliz. Ella sabe que no tenemos bastante dinero para comprar estas entradas y que es una sorpresa para las chicas.

—También me regaló otros boletos —le digo a J.P. —Su estadio en Strasberg va a tener un evento especial la semana que viene. Es un espectáculo de Lucha Libre USA, o sea, la lucha libre mexicana.

Ahora le toca a J.P. estar sorprendido. —No me digas, Papi. ¡Excelente! ¿Cuándo es?

—Será el domingo el 7 de febrero. Y después de explicarle a la Sra. McKay que tu equipo no es tan grande, me dio bastantes boletos para todos. Mañana puedes invitarles a los muchachos al espectáculo.

—¿Mañana? —dice J.P. con sarcasmo. —Les invito ahora por texto. Y Papi, gracias.

J.P. me da un abrazo, algo raro en él, y luego le da uno a Norma.

–Gracias por la cena, Norma. Provecho.

Después de la cena mientras Norma y yo lavamos los platos hablamos sobre la situación con J.P. y la falta de documentos. Hace unas semanas que hablé con el abogado. Se supone que ahora está haciendo los trámites para que tenga J.P. los papeles oficiales que necesita. Norma, siempre con razón, me dice:

–Juan, yo sé que quieres arreglar todo para J.P. antes de decirle, pero es muy importante que él sepa ya de su situación. ¿Qué pasará si no puedes sacar estos documentos? J.P. va a pensar que le has mentido toda su vida, justo a la vez que quieres establecer más confianza entre ustedes.

–Tienes razón, Norma. Voy a tener que decírselo.

Capítulo 9
J.P.

Después de las noticias de mi padre sobre el evento a WWE subí a mi cuarto para textear a mis amigos:

> **'CHACHOS**
>
> 'Chachos, les invito a la Lucha Libre USA a la arena de WWE en Strasberg el domingo. Mi papá consiguió boletos para todos.

Casi inmediatamente llegaron las respuestas a mi teléfono en una cadena larga. Todos los muchachos respondieron con afirmativo.

***** *****

Por fin llega el domingo y mi papá y yo nos alistamos para salir. Vamos a recoger a unos de los muchachos del equipo y luego vamos a Strasberg.

Llegamos y aparcamos la camioneta. Permítame aclarar: mi padre aparca la camioneta. Aunque he estado estudiando para el examen de conducir un poco, todavía no lo he tomado y por eso no tengo mi licencia. Pero cuando la tenga, no voy a poder llevar a mis amigos conmigo por seis meses porque es la ley de nuestro estado. Conozco a muchos adolescentes que lo hacen, pero conozco bien a mi padre y es estricto en cuanto a la ley. <<No vayas en contra de la ley>> me dice siempre. No sé por qué es tan vigilante, pero así es.

Entramos en el estadio de WWE. El edificio es, en una palabra, enorme. Miro por todas partes y está llena con un montón de gente. Muchas personas llevan las camisetas y gorras con sus personajes favoritos como <<El Gigante>> y <<La Mosca Volante>>. La mayoría de la gente es hispana y oigo mucho español, pero hay otra gente también. No sabía de la popularidad de este deporte.

Will llega con otro grupo de los chicos y nos encuentran en el lobby. Ben está con él y lo veo con los ojos bien abiertos y la boca casi en el suelo, incrédulo. Los muchachos empiezan a hablar todos a la vez. No pueden creer lo que ven: tanta gente aficionada de este deporte, o sea, espectáculo.

Entramos en el estadio y buscamos los asientos. Estamos muy cerca del ring donde los luchadores van a luchar. Esta tarde vamos a ver a Fénix, El Elegido, Drago y Manuel el Mago. ¡Va a ser un evento excelente! Justo en el momento que encontramos los asientos, las luces del estadio se disminuyen y el público se enloquece. En la luz de un foco, el presentador llega al ring y empieza hablar.

—Bienvenidos damas y caballeros, muchachos y muchachas y niños y niñas. Esta tarde ustedes se divertirán con nosotros. Tenemos un show excelente para todos. Vamos a ver una lucha entre el Último Gladiador y el Guerrero Joven. El Último Gladiador ahora es el campeón del mundo de la clase Súper Ligero. Su adversario es el Guerrero Joven quien fue el campeón de esta clase el año pasado. Será una batalla increíble entre estos dos. Ahora, siéntense, relájense y diviértanse. ¡Vamos a ver luuuuuuuuuuuchaaaaaaa!

Por los próximos treinta minutos más o menos los dos hombres pelean y luchan, cada uno tratando de ser más hábil que el otro. A veces el Último Gladiador tiene buenos movimientos y parece que va a ganar; pero hay otros momentos cuando el Guerrero gana a su adversario, y es más claro que va a ser el ganador.

Los muchachos y yo pasamos una tarde excelente animando y gritando a los luchadores, esperando que el mejor luchador gane. Cada luchador tiene su propia personalidad con su máscara y uniforme individual. Fénix lleva una máscara completamente blanca con un ojo rojo y el otro verde, los colores de la bandera mexicana, igual a los colores de las medias que lleva; mientras que Drago lleva una máscara roja, azul y blanca, igual a los colores de la bandera de Puerto Rico, donde nació.

En la camioneta ya de regreso al pueblo, Ben pregunta a mi padre sobre su carrera como luchador.

—Sr. Díaz, ¿eran las competencias de la lucha libre en México iguales a lo que vimos hoy día?
—Sí, Ben. Casi iguales. Aunque no había tanta producción con tantas luces y música. Pero las competencias eran iguales —dijo mi papá.
Ben continúa, —¿Y usted ha participado en eventos de la lucha libre aquí en los Estados Unidos o sólo en México?
—Pues, es por la lucha libre que llegué a este país. Un promotor de la compañía de la Sra. McKay vino a una competencia nacional una vez en la capital de México. Buscaba talento para participar en un tour de lucha libre mexicana aquí en los Estados Unidos. Vine aquí para luchar con esta compañía y me quedé.

Como estudiamos la inmigración de la gente hispana en la clase de ciencias sociales, Ben pregunta de cómo llegó exactamente mi papá.

—¿Llegó usted con visa de trabajo? —pregunta Ben.
—Sí. Y luego permanecí después de que expiró.

Me quedo sin palabras. Nunca en mi vida me ha dicho por qué ni cómo ha llegado a los Estados Unidos. Me llena con preguntas pero no quiero hacérselas a mi padre hasta que estemos solos.

Llevamos a Ben y a los otros muchachos a sus casas. Todos le agradecen mucho a mi padre. Son buenos amigos.

Capítulo 10
Juan

Llevamos a los muchachos del equipo a sus casas y ahora sólo quedamos J.P. y yo en la camioneta. J.P. ha estado callado desde que Ben me hizo la pregunta sobre la lucha libre aquí en los Estados Unidos. Es raro que esté sin hablar.

—J.P. ¿Estás bien? No has dicho nada. No es normal para ti. —le pregunto a mi hijo.

—Sí papá. Me gustó mucho. Gracias. —dice J.P.

—¿Te acuerdas cuando Fénix agarró el brazo de Drago con tanta fuerza que parecía que lo iba a quebrárselo? —pregunto yo.

—Sí —dice J.P. en monosílabo.

No sé qué le pasa a J.P. Parece que se divirtió con sus amigos. Gritó mucho.

—J.P. ¿te sientes bien? —le pregunto.

—Sí. Claro —contesta J.P.

—Entonces, ¿qué te pasa?

—Pues, estoy confundido. ¿Por qué nunca me has contado de cómo llegaste a este país? —pregunta J.P. con una voz dolida.

—Ay, J.P. Es una historia larga. Nunca te he dicho porque no quería admitir que rompí la ley y me quedé en este país después de que expiró mi visa. A la vez soy un poco hipócrita porque siempre te digo que necesitas prestar atención a las leyes.

—Es la verdad. ¡Siempre te enojas cuando te digo que patino en la calle! ¡Ja ja! Pero, ¿cómo llegamos mi mamá y yo a este país si ya estabas aquí? –J.P. me pregunta.

—Es buena pregunta. Antes de los ataques del 11 de septiembre las leyes estadounidenses no eran tan estrictas como son ahora. En aquel entonces hablé con tu mamá por teléfono mucho y decidimos que me quedaría en los Estados Unidos para trabajar y luego le mandaría a ella el dinero suficiente para pagar un coyote para que los trajeron a ustedes por el desierto.

—¿Qué? ¿Qué es un coyote?

—Una persona que ayuda a la gente cruzar la frontera a los Estados Unidos.

J.P. se queda con la boca abierta. —¿Quieres decirme que mi madre y yo entramos en este país ilegalmente? No lo creo.

—De veras. Mandé una gran cantidad de dinero a tu madre y ella contrató a una persona para ayudarles. Después de un viaje largo de dos semanas, ustedes dos llegaron aquí.

—Pero papi, en clase aprendemos que las personas ilegales que cruzan por el desierto en Arizona y Nuevo México tienen muchos problemas y a veces son torturados por unos bandidos.

—Sí, hijo. Ustedes tuvieron mucha suerte.

Una vez más, J.P. se queda callado. Me imagino que piensa mucho en cómo llegó a este país. Ojalá que no piense mucho, o sino hasta que yo tenga la respuesta de la oficina de inmigración.

Rompo el silencio, –J.P., el próximo lunes vas a tener que llegar tarde al colegio. Quiero que nos acompañes a la ceremonia de naturalización de Santiago.

Mi hijo no me responde. Sólo me mira con ojos que me cuestionan.

Capítulo 11
J.P.

Sólo nos faltan dos semanas para el torneo regional. Para nosotros las prácticas de lucha libre han sido bien difíciles. Queremos estar preparados para todos los oponentes que enfrentamos. Sé que voy a tener que luchar contra ese tipo de Jacksbury otra vez - el mismo que me desafió por Twitter hace un mes. Será una lucha increíble.

Me encuentro con Will y Ben en la cafetería durante la cuarta hora del día. Will no me vio en la clase de inglés y me preguntó dónde estaba.

—J.P, ¿dónde estuviste esta mañana? No te vi en la clase de inglés.

—Sí. Yo sé. Estuve en la corte en Jacksbury.

Sorprendido Will me pregunta, —¿Qué? ¿Qué te pasó? ¿Tienes problemas legales?

Con risa le respondo, —No. Fui con mi familia para ser testigo a la ceremonia de naturalización de Santiago, un empleado de mi papá.

—Oh, ¿sí? Entonces, ¿ahora este hombre tiene permiso de residencia permanente?

—No, hombre. Ese permiso es cuando una persona tiene residencia, o sea, tiene permiso legal para vivir en los Estados Unidos.

—Entonces, ¿qué es la naturalización?

Aunque me sorprende un poco que Will no sepa esta información, no quiero que él sea tonto como la mayoría de los adolescentes en nuestro colegio, entonces yo le explico.

–Cuando una persona quiere ser naturalizada quiere decir que ella quiere ser ciudadana de este país.

Will, siempre con preguntas, me hace otra, –Y ¿la persona sólo tiene que participar en una ceremonia?

–No, mi padre tuvo que patrocinarlo. Quiere decir que mi papá lo ayudó con todos los trámites, probando que Santiago tenía trabajo, etc. Además, Santiago tuvo que tomar un examen para indicar que él está dedicado a ser ciudadano. ¡Y las preguntas del examen son sumamente difíciles!

–Me impresiona mucho. ¿Qué tal la ceremonia? –me pregunta Will.

Yo le cuento todo sobre la experiencia en la corte, qué dijo el juez, cómo recitó Santiago el Juramento de Lealtad, y cómo al final aplicó para su pasaporte estadounidense y se registró para votar. También menciono a Will la gran variedad de etnicidades que vi en la corte, prometiendo ser leales a la bandera de los Estados Unidos.

–Tantas personas quieren ser ciudadanos de este país. Tenemos suerte de haber nacido aquí.

Ben, sentado a la mesa con nosotros, está de acuerdo –Sí, J.P. Tienes razón.

Después de unos minutos cambiamos el tema de la conversación a algo un poco menos serio, pero que tiene mucha importancia en la vida de un adolescente de 16 años: la licencia de manejar.

Will, otra vez con las preguntas, –J.P. ¿cuándo puedes sacar tu licencia?

–Will, ¿por qué molestas siempre, hombre? Ya te dije que no cumplo 16 hasta la primera semana en marzo. Pero he estado estudiando para el examen desde diciembre.

–Entonces, tengo unas preguntas para ti –me dice Will.

–¡Qué sorpresa Will! ¡Tú con las preguntas! ¡Ja ja!

–Ok. Ok. Pero aquí tienes una pregunta del examen de manejar: ¿Qué se hace cuando se oye la sirena de un vehículo de emergencia?

–Fácil –yo le digo. –Hay que mover el carro a la derecha y parar de manejar.

–Muy bien. Will me dice. –Otra: Cuando se maneja por la noche y no se ve vehículos que vienen de la dirección opuesta, ¿qué tipo de luces se debe prender?

Esta pregunta me hace pensar. Pero al momento que quiero darle alguna respuesta, veo una notificación de Twitter en la pantalla de mi teléfono. Como suelo chequear mi teléfono constantemente, abro el mensaje. Inmediatamente me enfado.

Ian Rocken

@JotaP de ninguna manera vas a ganar el torneo regional. Te enseñaré quien es el jefe. #LuchaJacksbury #torneoregional

Lo muestro a Will y se enfada también. —J.P., tienes que responder fuerte. No es justo que diga estas cosas.

Le respondo sin pensar:

 J.P. Díaz

@Rocken   Es hora de callarte. Ojalá que tu lucha en el torneo sea mejor que tu lucha escrita. #LuchaDouglaston. #1!

Afortunadamente la campana suena para indicar que el próximo período empieza. A la vez que estoy molesto por el *tweet* que recibo, también estoy emocionado para la competencia que llega en dos semanas. Mientras camino a mi clase espero que vibre otra vez mi teléfono con otro mensaje de ese Rocken, pero no pasa nada.

Capítulo 12
Juan

¡BUM! Oigo la puerta golpeada y después las pisadas de mi hijo que recién llega de la escuela. ¿Qué tiene?, me pregunto.

Lo llamo para averiguar. —J.P. ¿estás bien? ¿Por qué golpeaste la puerta?

—Déjame en paz, papi.

—Hijo, ¿qué pasó?

—Nada. Sal de mi cuarto.

Miro a J.P. y subo una de mis cejas, —¿Cómo? ¿Qué dijiste?

—Lo siento, papi. Tengo problemas acerca del torneo regional en dos semanas, pero no quiero hablar de eso ahora.

—Está bien. Pero dime algo, ¿tienes problemas con el colegio, digo, con la administración? —le pregunto.

—No. No. Nada de eso. Sólo basura de las redes sociales.

—Ok. ¿Tienes hambre? Norma y tus hermanas no están esta noche para la cena entonces tú y yo estamos solos. ¿Quieres pizza?

—Sí. Con extra queso.

Mientras esperamos que llegue la pizza a la casa J.P. y yo empezamos a hablar sobre uno de sus temas favoritos: mi pasado.

Ya vienen las preguntas, <<¿Cómo llegaste aquí?>>, <<¿Cuándo dejaste de luchar?>>, <<¿Cómo terminó tu carrera en la lucha libre?>>

—Ay J.P. con ¡tantas preguntas! Ok. Escucha bien. Te cuento otra vez la historia.

La pizza llega y J.P. y yo nos sentamos a la mesa. Explico a mi hijo otra vez cómo un agente de WWF notó mi habilidad en un espectáculo de lucha libre mexicana en Arizona y me pidió que me afiliara con su compañía basada en Strasberg. Ese agente me pagó el pasaje a Nueva York y empecé a entrenar con los otros luchadores de WWE.

—Y papi, ¿ganaste mucho?
—Sí gané un poco. Pero tienes que saber que la lucha libre de WWE es completamente diferente a la lucha libre mexicana. La de WWE es más como un show, o sea, los luchadores son más como actores.
—Pero parece real– me dice J.P.
—Sí es truco. Hay que convencer al público.

Continúo con la explicación de las diferencias entre los dos métodos de luchar, los personajes, las clases de lucha y mucha más información.

J.P. me pregunta, —Y ¿qué pasó al final? O sea, ¿cuándo dejaste de luchar?
—Me lastimé una noche y no pude continuar luchando. Otro luchador me tiró, pero bien fuerte, al suelo y se me quebró la espalda. Siempre quería

regresar al ring para luchar más, pero cuando estuve en el hospital pensaba en ti, en tu mamá y cómo no iba a poder darles una mejor vida si no podía trabajar.

—¿Es cuándo fundaste la compañía de limpieza?

—Sí y no. Tuve mucha suerte de haber conocido a la Sra. McKay, la presidenta de WWE, mientras luchaba para ella. Nos cayó muy bien. Me gustaba. Un día ella me visitó en el hospital y ofreció patrocinarme para que pudiera ser ciudadano estadounidense. Trabajé para ella limpiando, primero las oficinas del edificio WWE y después a su casa. En realidad, ella me dio el sueño americano.

—El sueño americano. Hablamos de eso en la clase de español. Mi maestra dice que no existe, o que es más una ilusión que atrae a la gente que venga a este país.— dice J.P.

—Quizás tenga razón la maestra. Pero la verdad para mí es que sin la ayuda de la Sra. McKay, de ninguna manera hubiera podido lograr lo que tengo hoy: una compañía exitosa que provee para mi familia y que da trabajos a muchos hispanos en situaciones similares a la mía hace muchos años.

—Pues, papi. Gracias por explicarme otra vez. Y lo siento por haber golpeado la puerta. Ahora voy a subir a mi cuarto para hacer la tarea.

—Está bien. J.P. Y de nada.

Después de limpiar la cocina de los pocos platos que usamos, me siento otra vez a la mesa con el correo que llegó. Me doy cuenta inmediatamente de un sobre diferente con el remite que dice: INMIGRACIÓN Y SERVICIOS DE SEGURIDAD. Lo abro y empiezo leer:

 U.S. Immigration and Customs Enforcement

500 12th Street, S.W., Stop 5009, Washington, D.C. 20536-5009

28 enero 2014

Estimado Señor Díaz:

Esta oficina recibió su petición de ciudadanía el 3 de diciembre. Todavía hace falta un(os) documento(s). Favor de entregarlo(s) para que podamos procesar la aplicación.

☐ Una copia registrada del certificado de nacimiento.
☒ La firma oficial y jurado de los dos padres en el formulario INS-73 (incl.)
☐ Una foto del solicitante

Al momento que recibamos el(los) documento(s) chequeado(s), procesaremos la solicitud.

Atentamente,

John K. Pedersen

John K. Pedersen
Director de Solicitudes
Departamento de ICE

No puedo imaginar la mala suerte. Mandé todos los papeles al gobierno hace dos meses y sólo ahora me informan de que se necesitan las firmas de los dos padres, aunque la madre de J.P. ya no tiene custodia. ¿Qué hago? No he hablado con ella en mucho tiempo, ni sé dónde está. ¿Cómo voy a contactarla para mandarle el formulario? Y, aún más importante, ¿cómo voy a convencerle que es sumamente importante que ella vaya al notario para el sello formal? Sólo me falta un mes antes del cumpleaños de J.P. cuando él quiere sacar su licencia de manejar. Qué horrible.

Capítulo 13
J.P.

El martes antes del torneo regional recibo un texto de la Señora Silver para quien voy a trabajar en un mes:

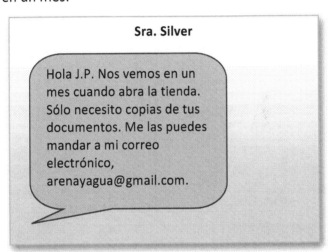

Sra. Silver

Hola J.P. Nos vemos en un mes cuando abra la tienda. Sólo necesito copias de tus documentos. Me las puedes mandar a mi correo electrónico, arenayagua@gmail.com.

Aunque no tengo las copias, le respondo:

Sra. Silver

Sí Sra. Silver. Voy a hablar con mi padre otra vez esta noche. Si no puedo mandárselas por email, voy a pasar por la tienda con las copias.

Ella me contesta con una palabra "gracias" y un emoticón de una sonrisa. ¿Por qué los adultos usan emoticones cuando no es necesario? Raro.

Justo al momento que iba a textear a mi padre para preguntarle sobre mis documentos, mi teléfono explota otra vez con *tweets* de los luchadores de Jacksbury:

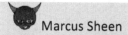
Marcus Sheen

@JotaP Vamos a ganar. #luchajacksbury

Cav Jenkins

@JotaP @Rocken va destruirte en el torneo. Mala suerte para ti.

Me enfado, claro, pero la verdad es que necesito hablar con mi padre. Lo llamo por teléfono, no sólo para preguntarle sobre los documentos, sino para oír su voz. Sabe calmarme como ninguna otra persona.

—Hola Papi.

—Hola JP. ¿Qué pasa?

—Necesito mandar los documentos a mi nueva jefa. ¿Puedes decirme dónde están?

—Ah, JP... Necesito encontrarlos. ¿Puedes esperar hasta que llegue del trabajo esta noche?

—Está bien.

—¿Algo más?

—No. Gracias, Papi. Hablamos cuando llegues.

*****

En tres días tengo la lucha de mi vida. Hasta ahora he estado luchando muy bien. Tengo un récord de 34-2-0. Gané 34 luchas desde el principio de la temporada. Las únicas dos luchas que perdí fueron contra ese Rocken y otro tipo de un colegio en Nueva York en un torneo enorme al cual asisten los mejores colegios de esa región.

Ha sido un año con muchos desafíos para mí. Entré en un colegio nuevo, tuve que conocer a unos amigos y a la vez, he tenido que estudiar mucho más. El colegio es muy difícil en este estado y aún más difícil en esta comunidad porque la cultura del pueblo dicta que todos van a asistir a <<las mejores universidades>>. Todavía la parte académica me causa problemas porque Sr. Waller me dijo hoy que no aprobé el último ensayo. Ay yay yay...

Mi padre llega a la casa a las seis y media. Inmediatamente le pregunto sobre los documentos:

—Papi. Necesito esos documentos. ¿Sabes dónde están?

—¡JP! ¿De veras? ¿Al momento que llego a la casa? Dame un minuto. O cinco.

—Ok. ¡Ok! Pero, me dijiste que los tienes y como los necesito...

—JOTA. PE. —mi padre me grita, pero fuerte. —Déjame ya. Necesito pensar.

Yo le grito también. —OK. No me grites. ¿Qué te pasa?

Voy directamente a mi cuarto. ¿Qué tiene mi papá? Nunca me habla en una voz tan fuerte. Al momento que iba a empezar mi tarea, oigo la voz de mi papá mientras toca la puerta.

—JP, ¿puedo entrar?
—Sí.

Entra mi papá. No se sonríe y sus ojos están tristes.

—Ven aquí. Siéntate, JP. Necesito hablar contigo.

Me siento al lado de mi papá en mi cama y le escucho cuando me da unas noticias absolutamente horribles.

—JP, primero, discúlpame por haberte gritado. Tengo que decirte algo que se relaciona con estos documentos que necesitas para tu trabajo.

Escucho con mucha atención. Siempre me habla, pero esta es la primera vez que me ha hablado con una voz tan seria. Mi papá continúa:

–J.P. No puedo darte esos documentos que necesitas; el certificado de nacimiento, ni la tarjeta de seguro social. La verdad es que no los tienes.
–¿Qué? No entiendo –le digo a mi padre.
–J.P., no tienes esos documentos porque no eres ciudadano estadounidense.

Me quedo con la boca abierta y sin palabras, una situación rara para mí. He vivido en este país desde que tenía 2 años. ¿Cómo es que no soy estadounidense? Tengo muchas preguntas para mi papá, pero nada sale de mi boca. Toda mi vida ha sido una mentira.

Mi padre continúa hablando y explica, pero no lo escucho. Pienso en los últimos 13 años de mi vida. Las escuelas a que asistía, los estados en que vivía. Asistía y vivía y estaba allí pero no era, no era documentado. Soy exactamente como los inmigrantes sobre los cuales aprendemos en la clase de español. Pero soy peor porque he estado actuando como ciudadano.

Mi papá me habla. –JP ¿oíste? Estoy tratando de arreglar todo para que esté listo para tu cumpleaños porque sé que quieres sacar tu licencia de manejar.

—Papi. Gracias por decirme. Pero la verdad es que prefiero estar solo ahora.

—Está bien, JP. Ojalá que todo esté bien después de hablar con el abogado. Sabes que te amo mucho.

Mi papá se me acerca y me da un abrazo fuerte. Sé que me ama pero no sé qué pensar. Estoy muy confundido.

*****

Los dos próximos días antes del torneo regional son muy difíciles para mí. No puedo enfocarme durante las prácticas con mi equipo, no hago mi tarea y como resultado, no paso dos exámenes. Mentalmente no estoy preparado para el torneo, ni tengo el esfuerzo para responder a los tantos *tweets* que llegan a mi teléfono del equipo de Jacksbury. Es claro que ellos no tienen ningún problema como los que tengo yo. Me siento solo. Probablemente debo hablar con mi padre o alguien más, pero no sé qué debería decirles.

Por fin llega el día del torneo. Aunque no estoy completamente con mis compañeros del equipo en espíritu, hago lo mejor para avanzar a las próximas rondas. Las primeras luchas son muy fáciles. La mayoría de mi equipo está junto en el gimnasio charlando y pasando el tiempo, pero yo prefiero estar solo. Estoy con mis audífonos en un rincón del gimnasio mirando a todas las luchas en las tres colchonetas y observando a los otros atletas y cómo se preparan para sus luchas. Algunos son como Will y Ben, divirtiéndose con otros mientras esperan sus peleas, pero los atletas serios están aislados de la acción escuchando música y me imagino, preparándose. Me fascina mirar todo.

De repente veo a un grupo de luchadores del equipo de Jacksbury. No sé si se me acercan para provocarme o qué, pero no quiero saber. Cuando me pasan se burlan de mí:

—Ahí está. Miren.

—Ése se va a perder.

—Débil es.

—Rocken para la victoria.

Quiero responder. Me gustaría atacarlos con palabras y con puñetazos, pero este año aprendí a controlar mi humor. No quiero tener problemas. Ahora no y especialmente antes de la lucha más importante de mi vida.

Oigo mi nombre. Rocken y yo estamos en tercer lugar para pelear en la colchoneta N° 2. Son las semifinales, o sea, si gano esta pelea, puedo avanzar a los finales más tarde en el día. Y si gano esa pelea, puedo ganar el torneo de mi peso. Pienso en todo lo que ha pasado esta semana con la guerra de Twitter y la falta de documentos, no sólo para mi trabajo y para sacar mi licencia, pero de la mentira que ha sido mi vida hasta ahora. Me ha cansado. Pero no quiero que todo el entrenamiento haya sido por nada. Quiero mostrarle a la gente y a mí mismo que mi vida es importante.

Por fin, es la hora. Me pongo los protectores de cabeza y de dentadura. Entro en la colchoneta y escucho al árbitro que nos dice que debemos darnos la mano el uno al otro. Lo hacemos pero sin mucha sinceridad. Cuando oímos el silbido, empezamos a luchar...

Capítulo 14
Juan

—Vamos, hombre. Le digo a mi camioneta.

No, no es muy útil hablar con el automóvil, yo sé, pero me siento un poco mejor haciéndolo. Después de una emergencia a una de las tiendas, tuve que pasar por la oficina del abogado. Él me llamó más antes para decirme que los documentos de J.P. estaban listos. No sé cómo, pero pude contactarme con su madre y cuando ella recibió los documentos necesarios para procesar la aplicación de ciudadano de J.P., ella los firmó y me los mandó por correo en una noche. Le agradecí mil veces por teléfono y por texto.

Ahora necesito llegar al colegio donde está el torneo. Quiero ver las peleas de mi hijo, claro. Quiero darle los documentos de residencia y avisarle que llamé al departamento de vehículos para hacer una cita para tomar el examen de manejar.

Entro en el gimnasio dónde hay un montón de gente. El ruido es increíble. Me recuerda del día que fuimos a WWE en Strasberg para mirar la lucha libre mexicana. En un instante veo a mi hijo charlando con sus amigos. Tiene una sonrisa enorme en la cara.

—¡J.P.! —le grito.

Cuando me oye, me sonríe. –Papi. ¿Ahorita llegaste?

–Sí m' hijo. Lo siento...hubo un prob...

–No importa, papi. Gracias por venir. ¡Tengo noticias calimax!

Me hace reír, mi hijo. Aprendió esa frase en México cuando lo mandé a visitar a sus primos en agosto. Quiere decir, <<calidad al máximo>>. J.P. pasó dos semanas enteras haciendo el surf y aprendiendo más español...

–¿Qué pasó, J.P.? –le pregunto.

–En las semifinales hace unos minutos, ¡gané la pelea contra ese tipo Rocken de Jacksbury! Entrando en el 3er período él ganaba 5-3 y empezamos en la posición neutral. En un instante pensé en todo lo que ha pasado en mi vida y lo ataqué en las piernas para caer a la colchoneta. Rocken se cayó fuerte y no pudo reaccionar, entonces hice un movimiento para ponerle en su espalda y...

Will interrumpe, –Señor, Ud. debería de haber visto. Increíble.

–Sí papi. No sé qué me pasó, ¡pero lo hice! –dijo J.P. muy rápidamente.

Lo abrazo a mi hijo. –¡Qué excelente! Estoy muy orgulloso de ti. ¿Cuándo es la próxima pelea? Estás en los finales, ¿no?

–Sí. Empiezan en una hora –me cuenta J.P.

—Está bien J.P. Voy a sentarme allá. No voy a moverme porque no voy a perder ningún minuto.

Golpeo a J.P. en el hombro y le deseo la buena suerte. Es maravilloso cómo él ha cambiado en los últimos seis meses desde que vino para vivir con nosotros. El camino para toda la familia no ha sido fácil para nadie. Pero viendo a mi hijo tan animado a pesar de tantos logros como mudarse a nuevo estado, vivir con una familia nueva y con reglas nuevas, asistir a un colegio exigente en un pueblo adinerado y, sobre todo, saber que no era ciudadano estadounidense, ni aún residente de este país, no creo que jamás he estado tan orgulloso en mi vida. Ganar o perder en la pelea final, sé que al final, J.P. va a vencer. Tengo los documentos para probarlo.

*****

La última pelea termina tan rápido como empezó. Con la energía y esfuerzo que tiene J.P. él pone a su oponente en una posición de la cual no puede escapar. J.P. gana cinco puntos manteniéndolo en la espalda. Veo que su oponente pierde el aliento y no puede respirar bien. J.P. decide capitalizar de la situación y le pone en la espalda otra vez. Y lo deja allí para ganar con un *pin*. Cuando el árbitro toca la colchoneta por la última vez, J.P. salta para darle la mano a su oponente. A la vez el árbitro levanta su brazo para declarar lo ganador.

J.P., gritando como loco, sale de la colchoneta para celebrar con su equipo y sus entrenadores. Después de todo lo que ha experimentado en sus casi 16 años, los documentos ya no son tan importantes. Mi hijo ya ganó.

Glosario

abra - opens
a causa de - because of
a la vez - at the same time
a pesar de - despite
abogado - lawyer
abrazo - hug
acá - here
acerca - about
acercarse - to approach
aclarar - to be clear
acompañes - you accompany
además - furthermore
adinerado - wealthy
adivinar - to guess
adversario - adversary
aficionado - enthusiastic about
afiliara - join
afortunadamente - fortunately
agarro - I grab
agarró - he grabbed
agradecen - they thank
agradecí - I thanked
aislado - isolated/away from
algo así - something like that
alguna - some
aliento - breath
alistamos - we got ready
alrededor - around
amo - I love
anda - go (as a command)
animando - cheering
ánimo - spirit, energy

ansiosamente - anxiously
anuncio - I announce
aparcamos - we parked
apenas - barely
aplazas - fail
apoyo - support
aprobé - I passed
aprobaba - I passed
aprovechas - to take advantage of
apurado - hurried
aquel entonces - back then
árbitro - referee
árduo - arduous
armario - cupboard
arreglamos - we arrange
arreglar - to fix, arrange
asistía - I attended
asunto - issues
ataques - attacks
atentamente - carefully
atrae - attracts
atropella - runs over
audífonos - headphones
aula - classroom
aumenta - to increases
aún - even
avanzar - to advance
avisar - to tell
ayudar - to help
averiguar - to figure out
bandera - flag
bandidos - bandits
basura - garbage
batalla - battle

beca - scholarship
boca - mouth
bocina - horn
boleto - ticket
botar - to toss
cadena - chain
caer - to fall
cajón - drawer
calentamiento - warm-up
calidad - quality
callado - quiet
callarte - shut up
caminata - walk
camino de éxito - the high road
camioneta - truck
campana - school bell
campeón - champion
campeonato - championship
cansancio - exhaustion
carrera - career
cejas - eyebrows
cena - dinner
charlando - chatting
chequear - to check
chistosa - funny
cierto - certain
cita - date
ciudadano/a - citizen
claro - of course
colchoneta - wrestling mat
colocación familiar - foster care
colonia - colony, community
colorear - to color
compartir - to share

competencia - competition
compitió - competed
comportamiento - behavior
conducir - to drive
confianza - confidence
confundido - confused
congela - freezes
conocí - I met
conozco - I know
consiguió - he got
consejera - counselor
conté - I told
contra - against
contratar - to hire
convencer - to convince
corazón - heart
correo - mail
corrige - corrects
corte - court (of law)
coyote - name given to a person who helps immigrants cross the border
crear - to create
creciendo - growing up
cruce - intersection
cubría - covered
cuerpo - body
cuestionan - they question
cumplo - I turn (age)
cumplió - turned (as in age)
cumplir - to turn (age)
damas - ladies
de repente - suddenly
de todos modos - anyway
de veras - really?

debería - I should
déjame - let me
déjame en paz - leave me alone
dejé - I left, stopped
dejó - left (stopped doing)
delineaciones - delineations
demás - others
dentadura - of the mouth
dentro de poco - in a little bit
desafiar - to challenge
desafío - challenge
desafió - he challenged
desarrollar - to develop
destreza - skill
destruir - to destroy
detrás - behind
dicho - said
dicta - dictates
digo - I say (here: I mean)
discúlpame - excuse me
disgusta - don't like
disminuyen - dim
divertirán - you will have fun
diviértanse - have fun
divirtiéndose - having fun
doblo - I turn
dolido - hurt, pained
dorados - gold (colored)
ducharte - shower
dueño - owner
emocionado - excited
emocionante - exciting
emoticón - emoji
empleado (de mantenimiento) -

(maintenance) worker
enfrentamos - we face
enfocarme - to focus
enloquecen - they go crazy
enojado - angry
enojarse - to get angry
entera - whole
entradas - tickets
entregar - to deliver
entrenador - coach
entrenar - to train
entretenimiento - entertainment
equipo - team
eras - you were
escaleras - stairs
esconder - to hide
escondido - hidden
escrita - written
esfuerzo - effort
espalda - back
espantoso - scary
espectáculo - spectacle, show
establecer - to establish
estaremos - we will be
esté - is
estirar - to stretch
etnicidades - ethnicities
evidentemente - evidentally
exigente - demanding
exitoso - successful
explota - explodes
falta(n) - lack
felicito - I congratulate
firma - signature

foco - spotlight
fuera - if he were
fuerte - loud, strong
fundaste - you founded
ganaban - earned
ganador - winner
ganaste - you won
globo - balloon
golpea - hits
golpeaste - hit, banged
gringo - name given to a non-
Hispanic/Latino person from the U.S.
gritando - yelling
gritas - you yell
grito - I yell
guardar - to put away
ha ayudado - it has helped me
ha llegado - has arrived
haciéndolo - doing it
han sido - have been
haber conocido - have known
haber luchado - having wrestled
haber subido - having raised
haberte gritado - for having yelled at you
había - there were
hábil - skilled
habilidad - skill
habrá - will be
hacérselas - ask him them
hambre - hunger
ha sido - have been
has contado - have told me
has mentido - you have lied
hayas conseguido - you have gotten

haya sido - has been
herido - hurt
hidratación - hydration
hilos - threads
hipócrita - hypocrite
hogares sustituitas - foster care
hombro - shoulder
hubiera podido - would have been able
huecos - holes
iba - was going
igual - same
imbécil - idiot
importa - matters
incrédulo - incredulous, disbelieving
instalación - facilities
intento - I try
interrumpe - interrupts
jamás - never
jefe - manager, boss
juez - judge
juntos - together
Juramento de Lealtad - Pledge of Allegiance
justo - just, right
lana - Mexican colloquial word for
"money;" literally, wool.
lárgate - get out
lástima - shame
lastimé - I injured
leales - loyal
les importaba - didn't care
ley - law
libre - free
limpieza - cleaning
listo - ready

llego a ser - I become
llegue - arrive
lleno - full
llevarse bien - to get along
lo siento - I'm sorry
lograr - to achieve
logro - achievement
luces - lights
lucha - fight
lucha libre - wrestling
luchadores - wrestlers
luchamos - we wrestled
luego - later
maletín - gym bag
mandaría - would send
mandárselas - send them to you
manejo - I manage
manejar - to drive
manteniendo - maintaining
máscara - mask
mascota - mascot
mayoría - majority
me doy cuenta - I realize
me casé - I married
me duele - I hurt
me enfado - I get angry
me tardo - it takes me
mejoro - I improve
mensaje - message
mentira - lie
metas - goals
mientras - while
molesta - bothers
molesto - bothered

monopatín -skateboard
monosílabo - monosyllabic, one-word
montón - a whole lot
moverme - to move
mozo - low wage worker
mudarse - to move
muriendo de hambre - dying of hunger
nadie - no one
nacido - born
nació - was born
nacimiento - birth
negocio - business
nivel - level
nos casamos - we married
nos cayó - we liked each other
nos mudamos - we moved
noticias - news
notó - noticed
nunca - never
o sea - in other words
odio - I hate
ofrecí - I offered
oigo - I hear
oíste - you heard
ojalá - hopefully
orgulloso - proud
oye - hears
palmada - slap
pantalla - screen
parar - to stop
parecen - they seem
parecía - seemed
pasaje - fare
pasillo - hallway

patino - I skate (skateboard)
patrocinador - sponsor
patrocinar - to sponsor
paz - peace
pelea - bout, match
pena - shame, pity
perder - to miss, lose
permanecí - I stayed
pérmiteme - let me
personaje - character
pesadilla - nightmare
pesan - weigh a lot
peso - weight
pisada - footstep
pisan - they step on
platican - they chat
podía - could
por lo menos - at least
preguntarse - to wonder
pregunte - asks
prendo - I turn on
prestar atención - pay attention
principio - beginning
probando - proving
probar - to prove
prometiendo - promising
propio - own
próximo - next
proveer - to provide
provocarme - to provoke me
pude - I could
pudiera - could
pues - well
puesto – post, location

puñetazo - punch

quebró - broke

qué onda - what's up

quebrarse - to break it

quedarme - stay

quejarme - to complain

quedé - I stayed

quizás - maybe

raro - rare

recién - recently

recientemente - recently

recitó - recited

recoge - picks up

redes sociales - social media

regaló - gave me (as a gift)

regañar – to scold, reprimand

registró - registered

relájense - relax

remite - return address

rescatarlo - rescue him

resulta - turns out

reunirnos - meet

riéndose - laughing

risa - laugh

rincón - corner

rompí - I broke

rompo - I break

ronda - round

ruido - sound

sal - leave

saludando - greeting

se acaba - finishes

se arrepiente - regrets

se burlan - make fun of

se callan - quiet down
se divertía - had fun
se especializa - specialize in
se han adaptado - have adapted
se llamaba - was called
se llevaban bien - got along well
se mudó - moved
se mueve - he moves
se queda - stayed
se quedaba - stayed
se supone - supposed
se volvió - became
sea - he is
según - according to
Segunda Guerra Mundial - World War II
segundo turno - second shift (3PM – 11PM)
seguridad social - social security
sello - seal
semáforo - traffic light
sentado - seated
sepa - knows
será - will be
sería - would be
siéntense - sit down
significa - means
silbido - whistle
sino - but (negative)
sobre - envelope
solían - were in the habit of
sonrisa - smile
suelta - she drops
sonando - ringing
subí - got in
sucia - dirty

sudan - they sweat

suelo - floor

sugiere - suggests

sumamente - extremely

suponerse - to suppose

suya - his

tantos - so many

tarjeta - card

te acuerdas - you remember

te toca a ti - it's your turn

teclar - to type

tela - material

tema - topic

temporada - season (athletic)

tendré - I will have

tener razón - to be right

tenga - has, gets

tercer turno - third shift (11PM – 7AM)

termine - ends

testigo - witness

tienda - store

típicamente - typically

tipo - guy

tiró - threw

trámites - processes

trastes - pots & pans

trata - treats

tratando - trying

truco - trick

ubicaban - were located

único - only

útil - useful

valientemente - courageously

variedad - variety

vaya - wow!
vayan - go
ven - come
venezolanos - Venezuelans
venganza - revenge
verdadera - truth
vestuario - locker room
vez - time, instance
voz - voice
vibre - vibrates
vigilante - watchful
vino - he came
ya voy - I'm coming

ABOUT THE AUTHOR

Jennifer Degenhardt taught high school Spanish for over 20 years. She realized her own students, many of whom had learning challenges, acquired language best through stories, so she began to write ones that she thought would appeal to them.
She has been writing ever since.

If this book has served you, please check out the other titles by Jennifer Degenhardt available on Amazon:
La chica nueva (& the ancillary/workbook volume)
El viaje difícil
La niñera
Los tres amigos
El jersey
The New Girl (*La chica nueva* in English for students learning English)

Follow Jen Degenhardt on Facebook, Puentes: Bridges for Communication, and Twitter @JenniferDegenh1 or visit the website, www.puenteslanguage.com to sign up to receive information on new releases and other events.

Made in the USA
Middletown, DE
06 January 2019